O Dia Após O Coronavírus

Michael Laitman

ISBN: 9798668906536

ÍNDICE

Introdução 5

Da Indiferença ao Pânico 7

Interdependência 9

Por Que? 11

A Melhor Vacina 17

Um Novo Mundo 21

INTRODUÇÃO

Enquanto eu olhava para o espetáculo emocionante dos italianos em confinamento cantando juntos nas varandas de suas casas, eu sabia que estávamos no limiar de uma nova era que estava entrando para os livros de história como um ponto de virada na evolução da humanidade.

O Coronavírus rapidamente invadiu nossas vidas. Nos pegou desprevenidos, despreparados para a auto descoberta iminente e entendimentos que isso provocaria.

O pânico e o desamparo diante da disseminação implacável do vírus marcaram inicialmente o nascimento do novo mundo. Nenhum outro fenômeno perturbou nossas vidas nos últimos tempos tanto quanto esse vírus. Uma partícula minúscula e quase invisível colocou raios na roda de toda a nossa infraestrutura socioeconômica global, colocando-nos em quarentena em nossas respectivas casas sem fim próximo à vista.

Onde atos terroristas, guerras mundiais e ameaças nucleares já nos assustaram, agora ficamos confusos, já que o vírus está fechado para qualquer negociação e acordos.

O estado de emergência global em que entramos exige introspecção profunda, não apenas em termos individual ou estadual, mas também através de fronteiras e culturas. Estimando a extensão e o impacto da transformação induzida por vírus está além de nós, mas o amanhecer de uma nova era é realmente sentido em todo o mundo.

O dia após o coronavírus: como a COVID-19 é um apelo ao despertar global examina o novo processo que a humanidade entrou da perspectiva da sabedoria da Cabalá, que estudo e ensino por mais de quarenta anos. Na Cabalá, descobri as bases para literalmente todos os desafios que enfrentamos na vida. Eu adquiri esse conhecimento de meu professor, o cabalista Baruch Shalom HaLevi Ashlag (1907-1991), também conhecido como "Rabash", filho e discípulo do maior cabalista do século XX, Yehuda Ashlag (1885-1954), que recebeu o nome "Baal HaSulam" (hebraico para "Mestre da Escada") pelo seu comentário "Sulam" ("Escada") sobre *o Livro do Zohar*.

"As forças negativas que aparecem nas situações atuais são as razões para a progresso da humanidade. Através deles sobe os degraus da escada. Eles são confiáveis no cumprimento de seu dever, que é levar a humanidade até o fim, estado de evolução mais desejável, purificado de qualquer infâmia e defeito."
Baal HaSulam, *A Nação.*

1

DA INDIFERENÇA AO PÂNICO

Ouvimos pela primeira vez sobre o coronavírus em notícias pequenas sobre um surto viral em uma terra distante, a China. Não tínhamos ideia de que isso afetaria dramaticamente nossas vidas, e então passamos para outras notícias.

A princípio, os viajantes que chegavam de alguns países asiáticos estavam sujeitos à auto quarentena. Mais tarde, os voos para o leste e outras partes do mundo foram cancelados e as pessoas retornando de certos países eram obrigadas a entrar em um período de quarentena em casa. No entanto, mesmo assim, ainda não tínhamos noção do que isso significava e o que iria acontecer. Estávamos preocupados principalmente com o destino dos muitos produtos que geralmente importamos da China.

Quem pensaria que em breve uma epidemia em uma província chinesa remota se tornaria uma pandemia, batendo à nossa porta? Muitos de nós já ouviu falar do efeito borboleta, onde uma pequena perturbação em uma parte do mundo tem consequências em outras áreas, mas nos relacionamos com esse conceito um tanto metaforicamente ou filosoficamente.

Na primeira fase da pandemia, quando ainda não conhecíamos globalmente potencial expansivo e catastrófico do vírus, alguns pensaram que as medidas eram excessivas, já que o Coronavírus parecia não ser mais mortal que a gripe. A Taxa de mortalidade pareceu relativamente baixa, e o Coronavírus prejudicou principalmente segmentos mais fracos da população. Portanto, não estava claro por que a liberdade de movimento da população em geral deveria ser restrita.

A fase seguinte exibiu uma aceleração da propagação da pandemia, com um repentino aumento na quantidade de contaminações e mortes. Medo, incerteza, ansiedade e pânico varreram as sociedades. Muitos começaram a se sentir perdidos quando a ameaça de bloqueio se tornou realidade em mais e mais países.

Naturalmente, nossos instintos básicos de sobrevivência foram acionados. Nós invadimos supermercados, esvaziamos suas prateleiras e fizemos estoque de produtos. O papel higiênico acabou. Ovos tornaram-se uma mercadoria rara. Enquanto isso, as redes sociais cheias de piadas acobertavam a ansiedade disfarçada.

Todos de repente ficaram desconfiados. Eles estavam observando estritamente as diretrizes do departamento de saúde ou não? Onde eles estiveram? Com o que eles entraram contato? Eles eram meticulosos em sua higiene? Além disso, se alguém era pego com espirros ou tosse, tornava-se um risco sanitário, um risco para o bem-estar público.

Os líderes de estado se viram em discussões frenéticas dia e noite, focados em impedir a propagação do vírus sem causar um colapso econômico. De ontem controvérsias, desavenças sociais e até ameaças terroristas e nucleares haviam diminuído em face de um novo problema de escala global.

Se no passado refletimos sobre o carro novo que deveríamos comprar, para onde deveríamos viajar em nossas próximas férias, ou que sapatos da moda deveríamos adicionar à nossa coleção, então com a disseminação global do Coronavírus, fomos rapidamente introduzidos em uma nova realidade, e enfrentamos sérias questões sobre como atender às nossas necessidades básicas.

Teríamos algo para comer na próxima semana ou os embarques parariam? Se nós tivéssemos sorte o suficiente para não sermos demitidos de nossos empregos, quanto tempo ainda nos restaria neles? Além disso, o que aconteceria se amanhã não pudéssemos mais pagar por nossas compras, aluguel, hipoteca ou outros empréstimos e dívidas?

2

INTERDEPENDÊNCIA

Olhando para o lado de fora, podemos ver como o Coronavírus expõe nossa pequenez e fraqueza em comparação com uma natureza avassaladora e intimidadora. É como se a natureza, como um tubarão, abrisse bem a boca e ficássemos encolhidos ao ver suas mandíbulas.

Além disso, o coronavírus revela nossa forte interdependência, embora negativamente. Ou seja, podemos infectar um ao outro com o menor contato, desde um aperto de mão até mesmo compartilhando o mesmo espaço. Só é preciso um momento de irresponsabilidade, seja inocentemente ou por descaradamente desconsiderar as diretrizes do departamento de saúde, para alguém fazer com que outras pessoas em seu entorno possam pegar a doença.

No século 21, nos acostumamos a nos comunicar facilmente com pessoas de todo o mundo, fazer compras on-line, voos frequentes e atualizações constantes sobre o que está acontecendo literalmente em todos os lugares. No entanto, não conseguimos imaginar a magnitude dessa conectividade: laços tecidos entre nós que são impossíveis de desatar.

O coronavírus esclareceu o fato de que o problema de alguém em um local distante também poderia se tornar nosso problema. Nos últimos anos, políticos, economistas e chefes de Estado começaram a falar sobre como nós - a humanidade - estamos todos no mesmo barco. Então, de repente, com a onda de pandemia, o conceito de interdependência global tornou-se uma realidade tangível.

De fato, o coronavírus destaca a rede de influência mútua que vive e respira entre nós. Essa rede também existia antes do vírus aparecer, mas estávamos inconscientes ou despreocupados com isso em nossas vidas diárias.

"A interdependência expõe a todos ao redor do mundo de uma maneira sem precedentes", escreveu o ex-secretário-geral da Otan, Javier Solana, há quase uma década em seu artigo, "*A Nova Gramática do Poder*", com Daniel Innerarity, Professor de Filosofia Política e Social da Universidade do País Basco.

No artigo, Solana e Innerarity elaboram mais detalhadamente a vasta extensão de nossa interdependência e tiram uma conclusão importante sobre uma mudança fundamental necessária em nossas atitudes entre nós ao reconhecer o quão interdependentes somos:

"Pense nas mudanças climáticas; os riscos de energia nuclear e proliferação; ameaças terroristas [...]; os efeitos colaterais da instabilidade política; as repercussões econômicas das crises financeiras; epidemias (cujos riscos aumentam com maior mobilidade e livre comércio); e pânico repentino, alimentado pela mídia. [...] nada está completamente isolado. [...] Os problemas de outras pessoas agora são nossos, e não podemos mais olhá-los com indiferença ou esperar obter algum ganho pessoal deles. [...] Precisamos aprender uma nova gramática de poder em um mundo que é constituído mais pelo bem comum - ou pelo mal comum - do que pelo interesse próprio ou interesse nacional."

As leis da rede em que vivemos começaram a se aproximar de nós. Os departamentos governamentais de saúde tornaram-se os legisladores supremos, e novas regras foram definidas. Primeiro, o contato direto era proibido. Posteriormente, houve ordens para manter uma distância mínima de dois metros um do outro, usar máscaras faciais e luvas e se auto quarentena se estivéssemos em contato próximo com um caso confirmado de COVID-19. E então o processo de um lockdown gradual seguiu-se.

Com o passar dos dias e o número de pacientes hospitalizados, aumentaram as preocupações sobre um possível colapso do sistema de saúde. Não podíamos sequer imaginar uma situação dessas. As circunstâncias nos levaram a perceber que somente se agíssemos com responsabilidade pessoal e mútua haveria chance de limitar a rápida disseminação do vírus.

No mundo anterior ao Coronavírus, a responsabilidade mútua parecia apenas mais um slogan agradável, semelhante a "amar o seu próximo como a si mesmo" - um valor interessante que ninguém deveria realmente implementar.

Em unidades de combate, os combatentes treinam para manter tal conexão, a fim de sobreviver, mas fora da estrutura militar, a responsabilidade mútua é vista como um ideal abstrato.

O Coronavírus rapidamente esclareceu que "responsabilidade mútua" é muito mais do que apenas um belo par de palavras: todos nós podemos infectar um ao outro e, portanto, somos obrigados a ser mutuamente responsáveis um pelo outro. Quer gostemos ou até entendamos, qualquer um que se comporte de forma irresponsável derrubará os outros, desencadeando intermináveis reações em cadeia que colocam todos em risco.

Em muitos países, as pessoas diagnosticadas com COVID-19 foram expostas publicamente. Seus itinerários tornam-se sujeitos à investigação epidemiológica e todos foram obrigados a verificar se estavam nesses locais nos horários correspondentes. Se tivessem sido, teriam que se colocar em quarentena e relatar seu status às autoridades. Como tal, o Coronavírus concedeu responsabilidade pessoal e mútua a populações inteiras. A maneira como o vírus se espalhou nos ensinou que o indivíduo, não importa quem seja, exerce uma tremenda influência na era global.

Quanto mais o tempo passava, mais as restrições aumentavam. Enquanto o mundo parou e as ruas se esvaziaram, surgiram grandes questões: o que acontecerá a seguir? Quando essa pandemia terminará? O que causou toda essa situação? E por que merecemos isso?

3

POR QUE?

Enquanto confinados em nossas casas, as postagens começaram a circular nas mídias sociais com várias teorias sobre a causa do vírus: da humanidade destruindo a natureza às pessoas que pecam contra Deus. Pessoas em todo o mundo procuraram uma explicação sobre o que causou esse fenômeno paralisante que nos pegou completamente desprevenidos.

Na verdade, perguntar por que o Coronavírus surgiu pode parecer uma pergunta infantil - ou pode ser facilmente descartada como filosófica, mística ou religiosa - já que as pandemias não são novidade. Por exemplo, a gripe espanhola de 1918 e muitas outras pandemias ao longo da história obliteraram populações inteiras.

No entanto, ao examinar a situação com um entendimento das leis da natureza, conforme descrito pela sabedoria da Cabalá, podemos lançar luz e uma nova maneira de pensar sobre o que realmente está se desenrolando em nossas vidas.

De acordo com a Cabala, que explora a criação e evolução de indivíduos, sociedades, humanidade e natureza como um todo, **o sistema de interdependência humana é o fator decisivo por trás de todo problema, seja relacionado à saúde, emocional, social, econômico ou ecológico.**

Embora possamos identificar causas biológicas por trás do surto de Coronavírus, estudando-as em nível biológico, o que não veríamos em uma investigação como essa é que qualquer causa biológica ainda é apenas uma consequência de uma causa muito mais profunda.

O Coronavírus é como um quebra-cabeça. Resolver esse quebra-cabeça significa nada menos do que revelar um convite para o próximo nível da evolução humana.

A evolução Reforça a Conexão

Nossa compreensão do mundo decorre do fato de que quanto mais a humanidade progride, mais leis da natureza descobrimos. No mundo antigo, descobrimos como processar certas pedras em ferro, cobre e vários metais, e como transformar matérias-primas em alimentos e bebidas, como pão e vinho.

Mais tarde, os cientistas procuraram descrever elementos fundamentais da natureza nas várias ciências, como física, química e biologia, e formularam várias leis e teorias, como a lei da gravidade, leis da energia, os efeitos da energia em vários materiais, e assim por diante. Nossa descoberta de novas leis e teorias muitas vezes desafiava as que conhecíamos, como a teoria da relatividade de Einstein em relação à física clássica, que foi amplamente aceita até a época.

Tudo o que acontece conosco e todo o nosso desenvolvimento se desenrola dentro das leis da natureza. Quanto mais compreendemos como e porque a natureza opera da maneira que funciona, mais podemos entender os muitos fenômenos que ocorrem em nossas vidas, incluindo a pandemia de Coronavírus.

A sabedoria da Cabala enfatiza as conexões entre os vários níveis da natureza. É como Baal HaSulam explica em seu artigo, "A Liberdade":

"Existe uma conexão geral entre todos os elementos da realidade diante de nós [...] o que significa que toda e qualquer criatura do mundo, dos quatro tipos - inanimada, vegetativa, animada e falante - cumpre a lei da causalidade por causa da causa e efeito. [...] Isso é evidente para todos que examinam os caminhos da natureza de um ponto de vista científico puro e sem um pingo de preconceito."

Todas as partes da realidade estão inter-relacionadas. Toda ação tem um impacto sistêmico. Além disso, ao longo da evolução, as conexões entre as partes da realidade se tornam cada vez mais sofisticadas. A evolução descreve os processos de desenvolvimento dos seres vivos, desde elementos discretos até formas complexas de vida, baseadas em colaborações. Portanto, a partir da conexão entre compostos, a célula viva evoluiu. As unidades básicas da vida mais tarde formaram mais conexões para desenvolver formas de vida multicelulares nos níveis vegetativo e animal.

A humanidade também evoluiu seguindo essa tendência de aumentar a conectividade. Até cerca de 100 anos atrás, estávamos conectados principalmente ao ambiente físico em que crescemos, enquanto hoje estamos conectados a um ambiente muito mais amplo. O desejo de desenvolver e progredir nos levou a criar meios para permitir conexões entre pessoas, países e nações. O trem, o telégrafo, o rádio e o telefone conectavam pessoas remotas e a Internet tornava todos disponíveis. Essa tendência de conexão tornou o mundo menor e mais acessível.

O biólogo e futurista da evolução, Dr. Elisabet Sahtouris, descreve como a evolução leva a natureza à diversidade e à individualização, levando cada vez ao conflito, que é resolvido pela colaboração e pelo estabelecimento de conexões em um nível mais avançado. Consequentemente, o processo pelo qual o mundo se tornou uma pequena vila global não é por acaso: é um estágio natural na evolução da civilização em direção a uma forma maior de conexão.

Os cabalistas descrevem esse processo de desenvolvimento para aumentar a conexão como **uma lei da natureza, uma força geral que opera no sistema da natureza, tornando-o mais interconectado através da criação de links e redes mais avançados.**

Na linguagem especial do Zohar, na parte Toldot (Gerações), esse processo é expresso da seguinte forma:

"Como o corpo do homem se divide em órgãos e todos eles se elevam grau sobre grau, estabelecem-se um sobre o outro e são todos um corpo, similarmente, o mundo, o que significa que todas as criações no mundo são muitos órgãos um sobre o outro, e são todos um corpo. E quando todos forem corrigidos, na verdade serão um corpo.

Hoje, mais e mais cientistas estão falando sobre o mundo como uma espécie de organismo", considerando-o como uma única entidade conectada. A responsabilidade mútua iluminada pelo Coronavírus torna evidente a existência desse superorganismo. As partes da natureza, incluindo os seres humanos, estão interconectadas através de inúmeras relações.

O mundo mudou. De um mundo individualista em que cada um age isoladamente dos outros, fizemos a transição para **um mundo global e integral**, onde todos estamos interconectados em termos de saúde, ecológica, econômica, política e social.

Global significa um - todo.

Integral significa interconectado, onde todas as partes são interdependentes, sem exceção.

Embora ainda tenhamos que digerir nosso estado global e integral, isso não altera o fato de que é o sistema em que existimos.

Tudo na natureza está interligado. A profundidade dessa conexão vai se desenrolando cada vez mais à medida que continuamos nossa pesquisa sobre o sistema completo da natureza através da sabedoria da Cabala. A vida sustentável em um sistema desse tipo, no qual a rede de conexão se aperta cada vez mais, exige uma mudança em nosso pensamento e comportamento.

Incompatibilidade Com o Mundo Conectado

O Coronavírus, uma partícula biológica, nos pegou no meio da correria do dia a dia e no auge de nossa conectividade avançada. Vivemos em sociedades multiculturais. Nós desenvolvemos uma economia global. Nós nos movemos livremente pelo planeta, e essa conectividade se tornou o combustível que transformou um pequeno vírus que surgiu na China em uma pandemia global.

Ao contrário da tendência evolutiva que desenvolve as partes da natureza em direção à integração, complementaridade e conexões mais elaboradas, o ser humano tem um mecanismo inerente que opera sob um conjunto oposto de leis. Esse mecanismo favorece a separação e impede que percebamos como partes de um sistema, onde nosso bem-estar pessoal deriva do bem-estar do todo.

Esse mecanismo é definido na Cabala como "egoísmo" e consiste em muitas camadas.

A camada mais básica do egoísmo nos faz comparar constantemente nossas posses e realizações com as dos outros. Comparamos nossas casas, veículos, carreiras, crianças, renda, status econômico e social, bem como muitas outras variáveis, e nossa ambição persistente é nos sentirmos melhor do que os outros.

Como resultado, não podemos simplesmente aceitar o que nosso corpo necessita para ter uma vida equilibrada. Em vez disso, além de nossas necessidades corporais, sentimos uma tendência crescente de explorar outras pessoas para benefício pessoal. Portanto, diferente de qualquer outra criatura, nós, humanos, usamos nossos recursos e nosso ambiente de maneira desequilibrada.

"É da natureza do egoísmo que a maneira de usá-lo o torne muito estreito, pois é mais ou menos compelido a adquirir uma natureza de ódio e exploração de outros, a fim de facilitar a própria existência. Além disso, não é um ódio abstrato, mas um que aparece em atos de abusar de um amigo em benefício próprio, ficando mais obscuro de acordo com seus graus, como enganar, roubar, roubar e assassinar. Isso é chamado de 'egoísmo restrito'." - Baal HaSulam, A Nação.

Esse mecanismo também se manifesta em nível internacional. O desejo de controlar e explorar territórios, recursos e pessoas esteve por trás das maiores guerras da história e formou e destruiu impérios inteiros.

Quanto mais evoluímos, mais sentimos a pressão de oposição do tipo cabo de guerra entre a força da natureza - exigindo uma conexão mais qualitativa - e nosso mecanismo egoísta interior - insistindo no benefício de um indivíduo, um grupo, uma nação ou um império às custas dos outros.

A singularidade de nossa era atual está na tensão colossal entre o poder da interdependência, que empurra para nos conectar cada vez mais, e o poder do egoísmo estreito, que puxa na direção oposta.

Antes do ataque do Coronavírus, estávamos à beira de um abismo: relações internacionais carregadas, guerras comerciais cruéis, aumento da ansiedade pela guerra nuclear e ataques terroristas quase rotineiros regularmente matando e ferindo pessoas inocentes em todo o mundo. Estes

Somente fenômenos deveriam ter soado um alerta vermelho sobre como **nosso modo de vida egoísta não é mais apropriado para a vida em um sistema interdependente** e, se não houver transformação, o sistema entrará em colapso.

O Meio Ambiente Ecológico

Nossa atitude egoísta em relação a tudo ao nosso redor também trouxe muitos danos ecológicos. Com cada um de nós tentando acompanhar os Silvas, nossos desejos de ficar mais ricos e ganhar mais status social, poder e controle sobre outros seres humanos, nos levaram a uma competição acirrada na qual exploramos os recursos naturais ad nauseam.

Hoje, a prova inequívoca de nossa influência destrutiva sobre a ecologia a partir de vários relatórios ecológicos nos tornou muito mais conscientes desse fato. No entanto, não é o cerne do problema.

Por quê? É porque nossa atitude exploradora em relação à natureza é apenas o resultado de nossos relacionamentos egoístas, o desejo de cada um de estar acima dos outros. O ego nos leva a ver tudo ao nosso redor como um meio para alcançar nosso objetivo, estreitando e distorcendo nossa perspectiva das partes inanimada, vegetativa, animada e humana da natureza.

No entanto, **a natureza é um sistema integral que liga todas as suas partes, dentro das quais nenhuma parte individual pode assumir o controle.** Quando a humanidade falha em aderir às regras do sistema, que requerem complementaridade sistêmica e recíproca, os contrastes no sistema podem se manifestar em todos os tipos de formas e níveis, como terremotos, furacões, pragas de gafanhotos ou COVID-19.

Portanto, é um erro pensar que nossos problemas terminarão quando encontrarmos a vacina ou a cura para o Coronavírus. Se não conseguirmos entender o panorama geral e continuarmos com nosso comportamento de exploração que nos caracterizou até o momento, mesmo que seja encontrada uma solução para o vírus atual, ela provavelmente será seguida por um vírus mais forte ou outro golpe da natureza.

Portanto, precisamos redefinir a natureza das conexões humanas, pois somos os seres mais desenvolvidos da natureza. A atualização de nossas conexões afetará nossa atitude em relação a tudo ao nosso redor e nos beneficiará em todas as esferas da vida.

Alta Conectividade na Natureza

As conexões entre os diferentes níveis da natureza estão muito além daqueles que percebemos. A natureza é um campo de força geral no qual existem todos os constituintes e modos particulares de suas interações. Várias forças operam no sistema, da física, química e biologia até mesmo nos de pensamentos e desejos. Quanto mais qualitativa a força no sistema, mais oculta, sutil e influente é.

Atitudes, pensamentos e desejos provocam uma reação no sistema de acordo com sua congruência ou incongruência com a força da natureza que empurra a complementaridade entre suas partes. Portanto, nossos pensamentos, nossas atitudes em relação aos outros, nossa separação ou conexão, todos influenciam o sistema natural. O efeito deles vai além de nossas relações sociais, ondulando por todos os níveis da natureza. Por quê? É porque o sistema é integral, interconectado, interdependente - um.

A sabedoria da Cabalá há muito tempo revela que, **quando os humanos se esforçam para prejudicar uns aos outros, seus relacionamentos negativos afetam todo o sistema da natureza.** Ou seja, mesmo sem tomar nenhuma ação prejudicial, o próprio pensamento e desejo de prejudicar os outros já rompe a complementaridade mútua entre as partes do sistema. Pode ser difícil de entender, mas nossos desejos e pensamentos têm imensa influência na natureza.

No entanto, as rodas da evolução rodam, independentemente da nossa disponibilidade para acompanhar. Operamos sistematicamente e, como tal, rompemos nossas conexões anteriores, forçando-nos a criar novas, integrais e mais avançadas que serão compatíveis com o mundo global do século XXI.

A aparência do Coronavírus esclareceu ainda mais nossa interdependência e responsabilidade mútua. Ele nos mostrou como é fácil passar de uma pessoa para outra, de um país para outro, desconsiderando nossas fronteiras, distâncias, status econômico e quaisquer outras distinções que colocamos entre nós.

Além disso, se pensássemos que poderíamos manipular as leis da natureza a nosso favor, agora está claro que estaríamos errados. A natureza é muito mais poderosa que nós e possui regras estritas. Quando as entendermos e agirmos de acordo, seremos capazes de sair de nosso confinamento em casa e entrar em uma nova realidade.

4

A MELHOR VACINA

"Que todo indivíduo compreenda que seu próprio benefício e o benefício do coletivo são a mesma coisa. Com isso, o mundo chegará à sua correção total."
Baal HaSulam, "Paz no mundo".

Por um lado, nossas relações egoístas prejudicam todo o sistema natural, mas, por outro lado, saber que esse ponto identifica exatamente o que precisa ser consertado para trazer a cura definitiva para todos os males do mundo. A força mais significativa da natureza é a conexão humana. Se aprendermos a construir relacionamentos positivos, impactaremos o sistema com complementaridade mútua em todos os seus níveis.

Qual é a essência da mudança que o pensamento humano precisa passar? É que precisamos adotar uma nova maneira de pensar fora da caixa egoísta, uma que siga as linhas integrais do pensamento da natureza. É uma transição de uma maneira de pensar que percebe o indivíduo como separado e independente, para uma que percebe os indivíduos como partes interconectadas de uma rede holística.

A maneira como pensamos em termos de cuidar apenas de nós mesmos se tornou obsoleta em nossa era. Ou seja, não está alinhada com o mundo interdependente. Não podemos garantir nosso bem-estar e conduta ótima no mundo se a encararmos sob uma perspectiva estreita e egocêntrica.

Em um sistema interdependente, todos afetam e dependem de todos. Portanto, a preocupação pessoal precisa ser substituída pela preocupação com o bem comum, a fim de garantir o bem-estar de todos. Já na década de 1940, Baal HaSulam esclareceu esse ponto em seu artigo "Paz no mundo":

"Em nossa geração, quando cada pessoa for auxiliada em sua felicidade por todos os países do mundo, é necessário que, nessa medida, o indivíduo seja escravizado pelo mundo inteiro, como uma roda em uma máquina. Portanto, a possibilidade de fazer boas, felizes e pacíficas condutas em nosso atual estado é inconcebível quando não for assim em todos os países do mundo e vice-versa."

A pandemia de Coronavírus nos ensina uma lição muito importante em nossa rede de conexão e como nos leva a viver de uma maneira mais equilibrada como partes desse sistema conectado que todos compartilhamos. Isso nos mostra a impossibilidade de continuar a viver como antes. Nossos comportamentos e atitudes precisam de uma grande mudança - para aceitar a humanidade e a natureza como um único sistema integral, no qual somos todos diferentes células e órgãos. Simplificando, somos todos interconectados e interdependentes e, a menos que cuidemos de literalmente todos, não podemos sobreviver.

Quanto mais cedo entendermos o curso evolutivo da natureza e adaptarmos nossos relacionamentos de acordo, mais poderemos evitar futuros sofrimentos potenciais. Além disso, seria esperado que golpes subsequentes atingissem com mais força do que o Coronavírus se não conseguirmos aprender nossa lição desta vez.

Mente e Emoção Integrais

Para entender o que significa funcionar de maneira ideal em um sistema integral, vejamos o corpo humano. Imagine que de repente todos os órgãos decidam fazer o que quisessem, independentemente de sua função necessária para manter a saúde e o bem-estar do corpo. Em tal situação, o corpo não pode existir. Deterioraria rapidamente e pereceria. O funcionamento sistêmico ideal requer a aquisição de uma nova mente e emoção integrais.

Portanto, a vacina definitiva para fenômenos como a pandemia global envolve a adaptação de nossos relacionamentos às leis da natureza. Seria, portanto, sábio estabelecer responsabilidades pessoais e mútuas - que a era do Coronavírus exige de nós - como a lei da conexão em nossas vidas diárias.

Compreender como tecer conexões saudáveis entre indivíduos diferentes e até contraditórios é o próximo nível da evolução humana. Criar relações adequadas às leis da natureza requer que cada indivíduo cultive uma profunda conexão com os outros. Precisamos desenvolver sensibilidade para detectar as necessidades um do outro, para entendermos o que podemos fazer para ajudar e complementar um ao outro. É uma tarefa bastante complicada, mas quem conseguir fazê-lo sentirá que até o ganho pessoal hoje reside precisamente nessa transição para uma nova percepção.

Nosso desenvolvimento em sentir os outros nos permitirá perceber o bem-estar dos outros, além do nosso bem-estar pessoal. Assim, nossa visão se expandirá e levará em conta o interesse comum de beneficiar a nós mesmos e aos outros como um todo. Como resultado, nossa percepção da realidade mudará. Um mundo inteiro de possibilidades se abrirá para nós que estava fora do nosso alcance perceptivo.

Em um estado tão avançado, nos relacionaremos com o mundo com a intenção de contribuir com nossa adição única. Cada um de nós calculará e usará a nossa individualidade e singularidade para o bem-estar do coletivo, e não para o ganho pessoal, separado dos outros. Também começaremos a absorver impressões muito mais amplas do ambiente. Seremos capazes de nos conectar, sentindo o que todos sentimos e pensamos, expandindo nossas percepções e sensações para nos tornarmos seres sociais mais avançados. Quanto mais influenciarmos os outros com inspiração, encorajamento e apoio para nos tornarmos mais positivamente conectados, mais cresceremos e nos tornaremos seres humanos atualizados, e mais nosso valor na sociedade aumentará.

 A consciência de nossa interdependência e interconectividade permitirá que cada um de nós entenda e sinta como a rede nos afeta, como influenciamos o sistema e como ganhamos ao pensar no bem-estar do todo. Estaremos mais conscientes de nossa interdependência inevitável e entenderemos como ela se manifesta nas áreas da saúde, social, econômica e política. Também poderemos definir com precisão o que prejudica ou beneficia o sistema. Toda definição de sucesso que temos na vida mudará de um extremo ao outro.

Assim, espera-se que **desenvolvimentos futuros nos tornemos seres mutuamente considerados e responsáveis nos veja criando novas ferramentas que servirão à transição da consciência individual para a coletiva.** Tais ferramentas nos ajudarão a praticar nossa nova atitude e nos qualificarão para entender e sentir cada vez mais os desejos e pensamentos dos outros.

Quando a qualidade de nossos relacionamentos for tão alta, cada pessoa ganhará um novo senso de segurança, confiança, felicidade e vitalidade. O sentimento de que as pessoas ao nosso redor buscam nos beneficiar, nos ajudar, nos incentivar, inspirar e elevar nosso espírito, gradualmente nos libertará da preocupação incessante por nossas próprias necessidades - da ansiedade sobre nossa condição pessoal e nosso futuro. Quando nossos corações e mentes ficarem livres de preocupações pessoais, seremos capazes de perceber aspectos mais amplos de nosso potencial.

Essa imagem perfeita da realidade soa utópica ou ingênua? Poderia mesmo. Mas pense em como seria ilusório antes do coronavírus dizer que muito em breve, quase todos os voos pararão, a economia global chegará quase a um impasse e as pessoas ao redor do mundo ficarão confinadas em suas casas.

5

UM NOVO MUNDO

"Nosso planeta é rico o suficiente para prover a todos nós, então por que devemos lutar contra essa trágica guerra até a morte, que vem escurecendo nossas vidas há gerações?" *Baal HaSulam, a nação.*

O coronavírus nos isolou em nossas casas e nos fez ver como o mundo pode parecer diferente. Estávamos obviamente despreparados para a pandemia. Chocou-nos, mas, com o tempo, muitos de nós encontraram certo encanto em voltar ao seio de nossas famílias novamente.

Muitos experimentaram uma experiência familiar revivida que se perdeu em nossa cultura consumista: mais momentos de riso juntos, passando o tempo com a família e ouvindo o que nossos entes queridos têm a dizer, conectando-se com suas preocupações, esperanças e dores.

O mundo anterior ao coronavírus, no entanto, parece piscar maliciosamente para nós à distância, ameaçando retornar com força total. Nesse momento, temos uma oportunidade única na vida de um tipo especial de introspecção. Agora, podemos examinar se realmente queremos voltar para a vida que deixamos.

O mundo anterior ao coronavírus foi construído não de acordo com nossas necessidades, nem as necessidades de nossos filhos, mas de acordo com as regras do sistema econômico moldado pelo egoísmo humano. A norma começou a funcionar de manhã até a noite, encontrando nossos filhos e cônjuges quando estávamos impacientes no final de nossos dias exaustivos; caso contrário, não conseguiríamos sustentar todas as despesas que pesavam sobre nós.

A economia do hoje se baseia no consumismo: produção agressiva, marketing e, finalmente, consumo, com o objetivo de aumentar os lucros, expandir mercados e ordenar consumidores adicionais com maior sofisticação.

O consumismo nos fez comprar carros novos, renovar nossas cozinhas e apartamentos, comprar mais camisas, jaquetas, vestidos e sapatos do que os que tínhamos. Isso nos fez voar cada vez mais para outros países e ir para mais e mais restaurantes. Como estávamos acostumados a essas atividades serem os prazeres da vida, elas nos faziam sentir bem, e quanto mais enchêssemos nossas vidas com elas, mais nos considerávamos bem-sucedidos.

Em nome de alcançar um status materialista respeitável de acordo com o sistema consumista ao qual nos escravizamos, nos dedicávamos a trabalhar duro, ganhar muito dinheiro e depois nos divertir. Passávamos férias nos lugares mais bonitos do mundo, mas sempre retornávamos à corrida dos ratos.

Então tudo congelou.

Como uma mãe rigorosa que quer ensinar uma lição aos filhos para que cresçam mais sábios, a natureza levantou a mão firme com o Coronavírus, dizendo-nos: "Pare tudo o que você está fazendo! Vá para o seu quarto. Sente-se. Pense no que você está fazendo. Você não vê todo o mal que está causando a si próprio? Você não vê que, se continuar fazendo o que está fazendo, acabará infeliz e enfrentará dificuldades muito maiores mais tarde na vida? Quero que você pense seriamente sobre o que realmente precisa e o que não precisa, e espero que você se livre de tudo o que não precisa. Espero também que, quando eu deixar você sair de seu quarto, você se relacione muito melhor consigo e com o mundo em que está."

Este vírus está nos mudando. Nos atingiu como um tsunami e lavou muita sujeira que estava se acumulando em nossas vidas. Mais e mais pessoas começaram a considerar seriamente o que é realmente importante na vida, o tipo de mundo em que realmente queremos viver, as deficiências de perseguir margens de lucro cada vez maiores e o quão humana a sociedade e a economia devem ser configuradas para nos satisfazer genuinamente e nos fazer felizes.

O valor "sagrado" de nosso antigo paradigma era produzir, consumir e depois jogar fora o máximo possível, a fim de manter as rodas da máquina em movimento. Agora que fomos forçados a respirar com toda a agitação, abriu espaço para compromissos mais significativos.

Foi-nos dado tempo e espaço para nos conectarmos mais qualitativamente, com mais carinho e amor.

Podemos nos conectar mais profundamente com nossas famílias. Além disso, podemos prestar mais atenção aos nossos vizinhos e amigos, perguntando sobre o que está acontecendo em suas vidas e ouvindo suas respostas.

Agora precisamos pensar: Como construímos um mundo bom para se viver, um mundo de relacionamentos positivos, onde seus sistemas apoiarão a conquista da felicidade compartilhada? Imagine por um momento como a mídia e a política apareceriam quando removemos a concorrência destrutiva e os interesses privados.

Isso não é uma ilusão. Pelo contrário, é uma situação sem escolha.

Atualizar a qualidade de nossas conexões é um requisito que a natureza estabeleceu para nós em seu processo de desenvolvimento, e teremos que alcançá-lo de uma maneira ou de outra. Se deixarmos de entender as leis da natureza e continuarmos agindo contrariamente a elas, receberemos reações que nos forçarão a nos adaptar à sua integralidade, da mesma forma que os eventos ocorridos com o Coronavírus.

Um mundo fundamentalmente novo é aquele em que as pessoas aprendem a se relacionar umas com as outras.

Compreensivelmente, essas relações estão além da nossa própria natureza, e é exatamente por essa razão que a sabedoria da Cabala, o seu método de conexão, foi revelado em nossa geração.

Quando uma conexão genuína se torna o valor supremo que almejamos, então como aprendemos a cultivar mutuamente atenciosos, responsáveis, apoiando e amando relacionamentos, sentiremos que existe uma força na natureza operando a realidade na mesma maneira. Nós a procuramos a vida inteira, por toda a história. Pessoas tem chamado de "Deus", "o universo", "natureza" e muitos outros nomes, e não tinham ideia sobre o que ou onde realmente estava.

Agora podemos descobrir que essa é **uma força de conexão e amor, a fonte da vida.** Essa força não está nos céus, nem está em nossa imaginação. Em vez disso, flui na profundidade das novas relações positivas que construiremos, em nossas atitudes aprimoradas de um para o outro.

Podemos dar um passo adiante juntos, apenas juntos, todos nós como um. Deveríamos evitar olhar para trás e nunca reviver o mundo antigo que nos coloca um contra o outro.

Se conseguirmos ajudar uns aos outros a avançar em direção à uma conexão cada vez mais positiva - e espero que sim -, então seremos gratos pelo coronavírus, pois veremos que isso nos levou a um mundo muito melhor.

Desejo a todos força e coragem para tornar realidade essa mudança fatídica para uma humanidade conectada positivamente.